Keysers kleine Kulturgeschichte

Historische Straßen in Europa

Von der Via Appia bis zur Avus

Dietmar Grieser

Keyser

CIP-Kurztitelaufnahme der Deutschen Bibliothek

Grieser, Dietmar:
Historische Straßen in Europa: von der Via Appia bis zur Avus / Dietmar Grieser. – München: Keyser, 1983.
(Keysers kleine Kulturgeschichte)
ISBN 3-87405-160-9

Umschlagentwurf: Mendell & Oberer Grafik Design, München
Satz: Typoservice Urban, München
Druck und Bindung: Erhardi Druck GmbH, Regensburg
Printed in Germany

Inhalt

Saget, Steine, mir an!
O sprecht, ihr hohen Paläste!
Straßen, redet ein Wort!
(Goethe)

Historische Straßen

1 Die Hohe Straße von Frankfurt nach Leipzig (hier: Steinau an der Straße, gezeichnet von Ludwig Emil Grimm)

»Die Stadt Steinau liegt sehr malerisch«, berichtet Ludwig Emil Grimm, der zeichnende Bruder der beiden *Märchen-Grimm*, in seinen Lebenserinnerungen. »Von jeder Seite, woher man kommt, nimmt sie sich gut aus.« Auch in einer Reihe temperamentvoller Federskizzen hat Grimm uns ein anmutiges Bild seiner Kindheitsheimat überliefert. Wie es um die Mitte des 19. Jahrhunderts in dem lebhaften Spessartstädtchen zwischen Hanau und Fulda zugegangen sein mag, illustriert insbesondere jenes Blatt aus dem Jahr 1850, auf dem der Künstler eine Reisekutsche bei der Ausfahrt aus Steinau darstellt: marktplatzartig geweitete Hauptstraße, das Pferdegespann, die Wirtsleute, die ihren Gast verabschieden, die Freunde, die sich in Ehrfurcht vor ihm verneigen.
Ludwig Emil Grimm hat dem Blatt, von Hand hinzugefügt, den Titel »Abreisse von Steinau a. d. St.« gegeben. Doch das Flüßchen St., das er der Stadt zuordnet, wird man auf den Landkarten vergebens suchen. Weil es kein *Flüßchen* ist, sondern – eine *Straße*.
Steinau an der Straße.
So heißt es übrigens noch immer.
Obwohl das den Steinauern vielleicht gar nicht so lieb ist, beinah wie Hohn klingt. Welcher Ort läge denn *nicht* an einer Straße?
Als die oberösterreichische Landeshauptstadt Linz 1880 eine Straßenbahn erhielt, waren die Linzer auf ihre neue Errungenschaft so stolz, daß die Wiener, für die dergleichen ein alter Hut war, sogleich zu spotten begannen: »Linz an der Tramway«.
Steinau an der Straße – nein, damit läßt sich kein Staat machen. »Straße« – haftet dem in unseren Breiten nicht

immer noch etwas Geringschätziges, Anrüchiges, Vulgäres an? Ist schon der »Straßen*junge*« keine Empfehlung, so wird's beim »Straßen*mädchen*« vollends suspekt. Wenn es wenigstens eine Weinstraße, eine Bergstraße, eine Burgenstraße wäre!

Dabei brauchten sich die Steinauer der »*ihren*« wahrlich nicht zu schämen: Jahrhundertelang war sie die bedeutendste Verbindung zwischen dem Osten und dem Westen Deutschlands: die *Hohe Straße*. Kaiser und Könige sind hier mit ihrem Gefolge entlanggezogen, Heerscharen mit ihren Waffen, Kaufleute mit ihren Waren. Auch Goethes »Fahrhäuschen« rollte über die *Hohe Straße*, als er zwischen Geburtsheimat und Wahlheimat, zwischen Frankfurt und Weimar, pendelte.

An einer Hauswand in Gelnhausen, nicht weit von unserem Steinau, sind noch heute die beiden Enden der alten Fernverkehrsroute klar bezeichnet:

Von Leipzig an der Pleisse
bis Frankfurt am Main
wird's auf der ganzen Reise
die engste Stelle sein.

Es ist jenes Drei-Meter-Limit, das einst den Frachtwagen als Höchstbreite für ihre Ladung vorgeschrieben war. Hier also, an der berühmten Engstelle von Gelnhausen, konnten die Fuhrwerker am Abstand zweier bestimmter Häuser Maß nehmen, und noch bis in unsere Tage hinein waren die Schrunden zu sehen, die die »Giganten« der Landstraße an den alten Prellsteinen hinterlassen haben.

Urkunden aus dem 14. Jahrhundert sprechen von »des Reiches Straße« und bezeugen somit deren besonderen Rang. Da es also nicht irgendeine, sondern schlechthin »die« Straße war, taten die Steinauer durchaus recht daran, ihr Städtchen »Steinau an der Straße« zu nennen – seinerzeit. *Heute* freilich, da Schnellstraßen und Autobahnen sich in dichtem Netz übers Land spannen, mutet, was einst ein Ruhmesprädikat gewesen, skurril an. Da hilft nur eines: die Beschwörung der Vergangenheit. Folgen wir den historischen Straßen – von ihrem heutigen Erscheinungsbild zurück zu ihren Urprüngen. Und zwar den historischen Straßen beiderlei Typs: den einen, die durch *herausragende Ereignisse*, und den anderen, die durch ihre *eigene Genesis* in die Geschichte eingegangen, zu einem Stück Geschichte geworden sind.

Es ist leider nicht zu leugnen, daß im traditionellen europäischen Kulturverständnis die Straße zu kurz kommt.

Unser Blick richtet sich auf Residenzen und Paläste, auf Klöster und Dome, auf dorische Kapitelle und gotische Spitzbogen, nicht auf Pflastersteine. Die Pflastersteine interessieren uns nur insoweit, als sie uns den Zugang zu den Kapitellen und Spitzbogen ermöglichen oder erleichtern.

Anderswo werden Straßen »heiliggesprochen«, wird ihnen in Gestalt eigener Straßengötter gehuldigt – bei uns nehmen sich nicht einmal die *Künste* ihrer an: auffallend kümmerlich die Zahl einschlägiger dichterischer Aussagen. Auch kein Musikstück von Rang läßt sich auf das Thema Straße ein: »Wozu ist die Straße da? Zum Marschieren ...«, singen die Landser, und auch der »long way to Tipperary« ist ein Soldatenlied. Etwas besser sieht es in der Malerei aus: Hier hat immerhin Albrecht Dürer (mit seinem allerdings wenig bekannten Aquarell von der Brennerstraße) ein eindrucksvolles Beispiel dafür geliefert, was man aus einem vermeintlich eintönig-linearen Motiv an Mikrokosmos herausholen kann.

Den wirklichen »Durchbruch« hat jedoch erst der Film bewirkt, obwohl zunächst auch hier der Begriff »Straße« für Laster und Kriminalität stand. G. W. Pabsts »Freudlose Gasse«, 1925 nach Hugo Bettauers Wien-Roman gedreht, leuchtet die Nachtseiten des Vorstadtmilieus aus: Prostitution und Verbrechen. Und Vittorio de Sicas »Fahrraddiebe«, eine Generation jünger, macht die Straßen von Rom zum Schauplatz eines neoveristischen Elendsdramas. Die Überlandstraße, auf der Charlie Chaplin und Paulette Goddard – berühmtes Schlußbild aus dem Film »Moderne Zeiten« – einer ungewissen Zukunft entgegengehen, versinnbildlicht immerhin schon den Traum vom bürgerlichen kleinen Glück: Der dem Gefängnis entronnene Tramp und sein Mädchen nehmen Anlauf auf ein neues Leben. Den *Mythos Straße* wirklich *umfassend* darzustellen, unternimmt jedoch erst Federico Fellini mit seinem Meisterwerk »La Strada«: Was bisher nur Kulisse gewesen ist, wird nun zum Handlungsträger, mehr noch: zum Symbol. Erst der schmerzliche Gesichtsausdruck des Mädchens Gelsomina, das vom »großen Zampanò« am Straßenrand zurückgelassen wird, öffnet uns endgültig die Augen dafür, daß die Straße mehr ist als bloß Transport- und Verkehrsweg, mehr als bloß Repräsentations- und Wohnstätte: Symbol menschlicher Kommunikation schlechthin. Kommunikation, aber auch deren Gegenteil: Einsamkeit, Verlassenheit.

2 Eine der berühmtesten Schlußszenen der Filmgeschichte: Charlie Chaplin und Paulette Goddard in »Moderne Zeiten« (1936)

Die Amerikaner, die mit ihrer relativ jungen und daher noch nicht so reichhaltigen Geschichte sorgsamer umgehen als die vor deren Überfülle kapitulierenden Europäer, haben der Straße auch in der Literatur den ihr gebührenden Rang eingeräumt: Tennessee Williams' verschwommener »Camino Real« konkurriert mit John Dos Passos' konkretem »Manhattan Transfer«, der Film »Easy Riders« wäre nicht denkbar ohne Jack Kerouacs Beatnik-Roman »On the Road«, in William Inges Komödie »Bus Stop« spielt ein Greyhound-Bus an einer Überlandstraße im Mittleren Westen Schicksal, und »Die Straße der Ölsardinen« aus John Steinbecks gleichnamigem Roman findet der Kalifornien-Tourist als malerische »Cannery Row« im Fischerhafen von Monterey wieder. Zur Bourbon Street im französischen Viertel von New Orleans führen eigene Sightseeing Tours, und wenige Blocks weiter liegt jene legendäre Desire Street, zu der Tennessee Williams in »Endstation Sehnsucht« seine symbolbefrachtete Straßenbahn holpern läßt. Was im Originaltitel noch handfest-realistisch »A Streetcar named Desire« heißt, wird in Berthold Viertels genialer Übersetzung zur Metapher, die sich in weiterer Folge zur vielgebrauchten und vielvariierten deutschen Redewendung verselbständigt.

3 Filmstraße aus »La Strada« (Federico Fellini drehte in der Gegend von Viterbo, Bagnoregio und Ovindoli)

Auch manches andere an »Straßenkult«, das unsereins belächeln mag, ist in Amerika ohne weiteres denkbar: Bellefontaine, eine Kleinstadt im Staat Ohio, feierte 1962 mit allem Drum und Dran den 70. Geburtstag seiner Court Avenue. Warum? Weil sie seinerzeit die erste Betonstraße in den Staaten war. Die souvenirfreudigen Bürger von Bellefontaine konnten Bohrkerne ihrer »historischen Straße« als Briefbeschwerer für den häuslichen Schreibtisch mit heimnehmen, und eine der Jungbürgerinnen wurde zur Feier des Tages zur »Miss Betonstraße« gewählt.
Wem solches Straßenspektakel nicht geheuer ist, der blicke nach Japan, wo Hiroshige, der Meister des Farbholzschnitts des frühen 19. Jahrhunderts, sich nicht zu gut dafür war, sämtliche 53 Ekis der Tokaido im Bild festzuhalten: die Stationen der über 500 Kilometer langen Straße der Shogune, die einst das alte Tokio mit dem alten Kyoto verband. Jede Station ein Blatt.
Wenn man sich hingegen in unseren großen Bibliotheken umsieht, muß man zu dem Schluß kommen: Europa weiß nicht, was es an seinen alten Straßen hat. Einzeldarstellungen sind in der Regel von nur regionalem Belang, das dreibändige Werk über die Via Appia, die »Königin der Straßen«, das Mitte des vorigen Jahrhunderts ein Däne

4 »Die Straße der Ölsardinen« (Cannery Row)

herausgebracht hat, sowie Sven Hedins Reisebuch »Die Seidenstraße« sind die Ausnahmen geblieben, und auch der große Schwede hätte dieses Thema wahrscheinlich nicht aufgreifen können, hätte nicht 600 Jahre vor ihm Marco Polo die sagenhafte transkontinentale Ost-West-Verbindung zwischen China und Syrien wiederentdeckt und einem schreibgewandten Mithäftling während seiner Gefängnisjahre in der Stadtrepublik Genua davon erzählt.

Ist also die Erkundung der historischen Straßen in vieler Hinsicht vernachlässigt worden, so tut man heute – aus anderer, vorwiegend touristischer Perspektive – des Guten zuviel. Ich meine die Inflation der »Traumstraßen«. In Hans Domnicks berühmten Filmen (die den Begriff seinerzeit geprägt haben) noch berauschende Entdeckungen, sind die »Traumstraßen« inzwischen zu Spekulationsobjekten der Fremdenverkehrsstrategen geworden, die unter dem Ansturm zielhungriger Urlaubermassen unentwegt neue Routen austüfteln und in die Autokarten einzeichnen. Ob Deutschland, Frankreich oder Spanien – man überbietet sich (und einander) in immerzu neuen Kreationen. »Scenic roads« heißt's bei den Engländern – darin drückt sich wenigstens etwas mehr Gelassenheit aus.

Leichtgläubige sind zu warnen: An der »Rheingoldstraße« wartet kein Nibelungenschatz auf sie, an der »Siegfriedstraße« hat noch keiner einen Drachen brüllen gehört, und wer seinen Wagen über die »Bocksbeutelstraße« lenkt (wahrhaftig, auch *die* gibt es!), der muß schon ein paar Seitenwege in Kauf nehmen, um auf die Spuren der echten alten Frankenstraße zu stoßen. Oder gar der Nibelungenstraße, die schon zur Zeit der großen Völkerwanderung ganzen Stämmen die Richtung gewiesen hat.
Die Geschichte der Menschheit ist stets auch eine Geschichte ihrer Wege und Straßen: es gibt Historiker, die so weit gehen, die mörderische Fronarbeit im Straßenbau des vorrevolutionären Frankreich als eine der Hauptursachen für den Ausbruch der Französischen Revolution anzusehen. In Paris gab es schon 1747 eine »École des Ingénieurs de Ponts et de Chaussées«, Deutschland hinkte im Landstraßen- und Brückenbau nach. Vom österreichischen Kaiser Franz Joseph I. wird ein Ausspruch kolportiert, den er bei einer Besichtigungsfahrt durch Dalmatien angesichts der dort von den Franzosen angelegten Straßen gemacht haben soll: »Schad', daß sie nicht länger dageblieben sind.«
»Diese sogenannten Wege sind nichts wie ein Chaos von aufeinandergetürmten Felssteinen!« klagte die reisetüchtige Johanna Schopenhauer über die deutschen Verhältnisse, und Goethe, zu dessen Ämtern als weimarischer Staatsminister auch das eines herzoglichen Wegebaudirektors zählte, mußte sich von seinem Freund Herder als »oberster Straßenkehrer« verspotten lassen. Übrigens gab er ihm indirekt selber recht, als er schrieb: »In der Jugend traut man sich zu, daß man den Menschen Paläste bauen könne, und wenn's um und an kommt, so hat man alle Hände voll zu tun, um nur ihren Mist beiseite bringen zu können.«
Daß man von der »Straße« in unseren Breiten keine allzu hohe Meinung hatte und hat, ist also begründet und Tradition. Wen wundert's? Was hochtrabend »Hochstraße« hieß, war lange genug nichts weiter als ein einigermaßen befahrbarer Weg, der sich bei anhaltend schlechtem Wetter nicht gleich in Morast verwandelte, und auch bei dem Begriff »Königsstraße« denke man besser nicht an pompöse Auffahrtsalleen, sondern einfach an möglichst hindernisfreie Reitwege, deren sich in den noch postlosen Zeiten die fürstlichen Eilkuriere auf ihrem Weg von Hof zu Hof bedienten. Und wer von der »Pfaffengasse des Heiligen

Römischen Reiches Deutscher Nation« sprach, tat dies nicht etwa, um sie zu preisen, sondern in der despektierlichen Absicht, über die massierte Klerisei des Rheintals zu lästern, in dem die Bischöfe von Speyer und Worms und die Erzbischöfe von Mainz, Trier und Köln dicht nebeneinander residierten...

Wir haben in der Schule von der Persischen Königsstraße des Darius gehört, die über eine Distanz von 2300 Kilometern Sardes mit Susa verband, und von der Prozessionsstraße der Sumerer, die von der Königsburg von Babylon, an den hängenden Gärten der Semiramis vorbei, zum Tempelbezirk führte. Wir haben in klugen Büchern vom Horusweg gelesen, der Ein- und Ausfallstraße der Pharaonenheere, von der »Straße der vierzig Tage«, dem uralten Oasenweg im Nildelta, oder der Weihrauchstraße, dem Karawanenweg vom Hafen von Mukalla, in dem die Handelsschiffe aus Indien und Fernost entladen wurden, zu den Gewürzmärkten von Memphis, Damaskus und Jerusalem. Und wir haben aus Radio und Fernsehen eine ungefähre Vorstellung von dem, was man zu Zeiten des Vietnamkriegs den Ho-Tschi-Minh-Pfad genannt hat. Seitdem der Tourismus uns die Welt immer mehr erschließt, sind wir wahrscheinlich auch schon mal ein paar Schritte auf der Via Appia gegangen, haben uns ins Jerusalemer Menschengewimmel der Via Dolorosa gestürzt und an der Londoner Mall die Wachablösung vor dem Buckingham-Palast geknipst. Via Mala und Böttcherstraße sind uns längst nicht mehr exotisch genug.

Ob das vielleicht überhaupt der Preis ist, den wir für unseren Einstieg in den Ferntourismus zu zahlen haben? Je weiter wir in fremde Weltzonen vorstoßen, desto kläglicher ist es um unsere Kenntnis der eigenen näheren Umgebung bestellt. Fragen Sie einmal die Bewohner einer Adalbert-Chamisso- oder einer Justus-von-Liebig-Straße, wer der »Taufpate« ihrer Adresse ist – Sie werden Ihre Wunder erleben! Als die Stadt Baden-Baden zum 80. Geburtstag des Dichters eine Werner-Bergengruen-Straße kreierte, ging die Witwe, dem allgemeinen Informationsdefizit vorbeugend, tapfer von Haus zu Haus, von Partei zu Partei, läutete eine nach der anderen heraus, stellte sich den Leuten vor und drückte zum Schluß jedem einen Band Bergengruen in die Hand. Drastisch, aber zum Ziel führend: Die wissen nun, wo sie wohnen. Aber wer, beispielsweise, nimmt sich der Triumphgasse in der Altstadt von Triest an, die so eng mit Leben und Werk Ricarda

Huchs verbunden ist, des Goldmachergäßchens hinterm Prager Hradschin, in dem Franz Kafka einen Teil seiner »Landarzt«-Erzählungen geschrieben hat, des Saumpfades über den Septimer-Paß, den Luther auf dem Weg nach Rom erklommen hat, oder des Pyrenäenübergangs von Roncesvalles, wo der Held des Rolandsliedes, der tapfere Ritter Karls des Großen, im Kampf gegen die Sarazenen gefallen ist?
Historische Straßen – wie schön schon die Namen klingen: Via Flaminia und Via Aurelia, Hellweg und Hannibalweg, Bernsteinstraße und Royal Mile, Arkadiana und Marathon! Und erst recht ihre Geschichte, ihr Schicksal: Aus den Millionen Kilometern Straßennetz, die unsere Welt umspannen, hebt sich da und dort ein winziger Abschnitt über seinen bloßen Gebrauchswert hinaus und erzählt von vergangenen Tagen, von Triumph und Erschütterung, von Debakel und Ruhm. Geschichtlicher Anschauungsunterricht an praktischen Beispielen. Gewiß, als eigens anzusteuerndes Reiseziel mögen sie kaum taugen – da müßte einer schon Archäologe oder Historiker sein. Was der Tourist tun kann, ist dies: sie »mitnehmen«, wenn er sich ohnehin in der betreffenden Gegend befindet: Sie liegen auf der Strecke oder sind gar Teil der Strecke selbst. Wieso nicht auf der Reise nach Italien an jenem Platz innehalten, von dem aus Dürer im Frühjahr 1495 die Brennerstraße gemalt hat? Ein Gedenkstein zwischen Klausen und der Eisackbrücke markiert seinen vermutlichen Standort – und damit zugleich die Route, die auch den deutschen Kaisern zur Alpenüberquerung gedient hat. Man kann es nachrechnen: vierzig Mal.
Wo fängt man an, wo hört man auf? Man wird also abgrenzen müssen. Plätze sind etwas anderes als Straßen. Die Fischerbastei über dem Budapester Donau-Kai oder der »Hoe« überm Hafen von Plymouth sind Fortifikationen – sie gehören nicht hierher. Desgleichen der Rennsteig, der Thüringen teilt: heute ein Wanderweg. Die Brühlsche Terrasse in Dresden, die Strudlhofstiege in Wien – keine Straßen. Und die Schellingstraße in Schwabing – eine historische Straße, weil Lenin, Ibsen und Carossa dort gewohnt, Kandinsky und Franz Marc dort gemalt, Rilke und Brecht dort ihren Kaffee getrunken, Ringelnatz dort seine Zigarren verkauft hat? Man wird die Frage verneinen müssen: Die Summierung von Prominenz, und sei sie noch so illuster, ergibt wohl kaum schon die Qualität »historische Straße«.

Andererseits wird man sich, obwohl eine jede von ihnen einer eigenen Huldigung würdig wäre, vor einem Zuviel an *Römerstraßen* hüten müssen. Das geflügelte Wort »Alle Wege führen nach Rom« wird beharrlich falsch interpretiert – als ob damit das Straßennetz des römischen Reichs gemeint wäre und nicht vielmehr ein Pluralismus im Metaphysischen: die Möglichkeit, auf verschiedene Weise zu den letzten Wahrheiten vorzudringen. Aber natürlich steht die Jahrtausendleistung der römischen Straßenbauer außer Zweifel: Nie hätte das Imperium ohne sie seine enorme Ausdehnung erreicht. 85 000 Kilometer Staatsstraße waren es unter Kaiser Trajan, um das Jahr 110 nach Christi Geburt. Ihrer fünfzehn strahlten von Rom aus, um die Hauptstadt auch mit den entferntesten Provinzen zu verbinden: die Via Aurelia nach Norden, die Via Flaminia an die Adria, die Via Aemilia nach Mailand, die Via Appia nach Brindisi – alle nach ihren Erbauern benannt. Kaiser Augustus ließ als Ausdruck seines Stolzes auf das römische Straßensystem mitten im Herzen der Hauptstadt, beim Saturntempel auf dem Forum Romanum, einen prunkvollen Meilenstein errichten, der über die Entfernungen zu den wichtigsten Städten Auskunft gab: Goldbronze auf Marmor.

Übrigens ist ein nicht geringer Teil jenes Streckennetzes bis heute intakt und in Gebrauch: Die Italiener besitzen rund 12 000 Kilometer Chaussee, die nichts anderes sind als wiederhergestellte und ausgebaute Römerstraßen (ähnlich verhält es sich übrigens mit Peru, dessen heutiges Straßennetz zu einem Fünftel auf alte Inka-Straßen zurückgeht). Auch in den außeritalienischen Teilen des Imperium Romanum haben sich Römerstraßen erhalten, und Ausgrabungen fördern immer noch neue Funde zutage. Selbst beim Bau der Großglockner-Hochalpenstraße in den frühen dreißiger Jahren stießen die österreichischen Ingenieure auf Bruchstücke römischen *stratums* (jener charakteristischen Pflasterplatten, die der »via strata« und somit der »Straße« ihren Namen gegeben haben).

Wenn Sie sich über das Straßensystem des Römischen Reiches, über die einzelnen Stationen und deren Entfernungen voneinander Gewißheit verschaffen wollen, lohnt ein Besuch in der Österreichischen Nationalbibliothek: Einer der fabelhaftesten Schätze der Wiener Sammlung ist die berühmte *Peutingersche Tafel*, die aus dem 13. Jahrhundert stammende Kopie eines römischen Itinerars. Allein die Ausmaße dieser Straßenkarte, die 1720 in die Hand des Prinzen Eugen von Savoyen geriet und sich seitdem in Wien befindet, müssen dem Betrachter imponieren. Die elf Pergamentblätter (das zwölfte, Hispanien und Britannien darstellend, ist verlorengegangen) zeigen die Alte Welt bis zur Küste des Indischen Ozeans in Gestalt eines Streifens von 34 Zentimeter Höhe und fast 7 Meter Länge! Ist eine derartige Bestandsaufnahme schon ein eindrucksvolles Unternehmen, so wird es geradezu aufregend, wenn man sich den abenteuerlichen *Verwandlungen* bestimmter Straßen zuwendet. Wer im 120-Kilometer-Tempo über den Ruhrschnellweg dahinrast, denkt wohl kaum daran, daß er hier über beträchtliche Streckenabschnitte den germanischen *Hellweg* benützt, dessen einst so glorioser Name sich heute nur noch als Landschaftsbezeichnung erhalten hat. Die Grande Corniche hoch über Monaco, eine der imposantesten Küsten- und Aussichtsstraßen Europas, ist keine neuzeitliche Huldigung an Rallyefahrer und Autotouristen, sondern geht auf einen über 3000 Jahre alten Handelsweg zurück; und die Champs-Elysées in Paris »verdanken« ihre Entstehung einer von Marie de Medici verfügten barbarisch-monströsen Kahlschlagaktion, gegen die sich der heißumstrittene Bau der Frankfurter Startbahn West wie eine Bagatelle ausnimmt.

Eine der schlimmsten Perversionen, die auf das Konto einer zynisch entfesselten Machtpolitik gehen, mußte die Prachtstraße des alten Breslau über sich ergehen lassen: Als gegen Ende des Zweiten Weltkrieges die von den Sowjets eingeschlossene Stadt nicht länger gehalten werden konnte, ließ ihr letzter Gauleiter, Karl Hanke, die Häuser der Kaiserstraße sprengen und die so verbreiterte Fahrbahn kurzerhand in eine Flugpiste umwandeln. Tausende polnische und russische Zwangsarbeiter, die mitten im Geschoßhagel von Tieffliegern zu diesem Einsatz abkommandiert waren, kamen dabei ums Leben. Gipfel des Zynismus: Die mit ihrem Blut getränkte Rollbahn wurde nur ein einziges Mal benützt: von jenem Fieseler Storch, mit dem der NS-Bonze Hanke aus dem kapitulationsreifen Breslau flüchtete...

Wir nähern uns der für dieses Buch getroffenen *Auswahl* historischer Straßen. Auf vielerlei ist dabei zu achten.

Europa ist nicht Amerika, wo jede kleinste Auswanderergruppe einer Straße, einem Gebirgspaß, einem Bergrükken ihren Namen gegeben, ja diesen vielleicht sogar nach einem von ihr bezwungenen Indianerstamm benannt hat.

In Europa liegen die Dinge weniger offen zutage, schlummert manches im Verborgenen. Andererseits hat man sich vor Spekulationen in Acht zu nehmen: Erich von Dänikens »Landebahnen« vorgeschichtlicher Astronauten haben schon genug Verwirrung gestiftet. Auch die Frühgeschichte des Gebildes Straße – vom Trampelpfad und Wildwechsel der Tiere über den Jagd- und Kriegspfad bis zum Handelsweg – wird man vernachlässigen dürfen. Unser Interesse setzt dort ein, wo heutige Spurensicherung noch zu konkreten Resultaten führt: Die Heilige Straße von Delphi ist so zugänglich wie der Bußweg nach Canossa, Hannibals Alpenüberquerung so nachvollziehbar wie Mozarts Reise nach Prag.
Daß die Geschichte, immer auch eine Geschichte der Straßen und Wege, bis in unsere jüngste Vergangenheit für »Nachschub« sorgt, zeigt das Beispiel der Bernauerstraße entlang der »Mauer« im geteilten Berlin: Selbstverständlich hat auch sie ihren Platz in einem Buch über historische Straßen in Europa.
Natürlich kann jede Auswahl – also auch die unsere – immer nur eine persönlich-willkürliche sein, und erst recht gilt dies für die darauf folgende *Anordnung* des gewonnenen Materials: Die Heerstraße wird immer zugleich auch Handelsweg, die Rennstrecke in der Regel auch »normale« Verkehrsader sein. Ohnehin kann es sich hier nicht um ein Panorama handeln, sondern nur um ein paar signifikante Beispiele, Einzelaufnahmen sozusagen – jeder mag sie nach eigenem Gusto ergänzen. Wer die Löwenstraße von Delos oder den Paseo del Prado in Madrid, die florentinische Palaststraße Via Tornabuoni, die Augsburger Maximilianstraße oder die Düsseldorfer Königsallee vermißt, wird dafür manche anderen Beispiele kennenlernen, an die gerade er vielleicht nicht gedacht hat: die Todeskarren-Route im Paris des Revolutionstribunals oder Kaiser Trajans Felsstraße am Eisernen Tor, das Urbild von Wilhelm Raabes Sperlingsgasse oder die Beatles-Kultstätte Penny Lane. Schönheit und Stil, Ereignishaftigkeit und Größe können dabei nur einige unter vielen Kriterien sein. »Not, Elend, Gemeinheit, Mord und düstere Verbrechen birgt sie in sich – und doch auch Menschlichkeit und Liebe«, resümiert Hugo Bettauer am Schluß seines Romans »Die freudlose Gasse«, und er fährt fort: »Sie ist mir zum Symbol geworden für eine ganze Stadt, die ganze Welt und das ganze Leben.« Das mag pathetisch klingen. Und doch gibt es uns einen wichtigen

Fingerzeig: beim Beschreiten der historischen Straßen, beim Studium ihres Verlaufs, beim Sichern ihrer Abmessungen, beim Ergründen ihrer Chronik niemals den Menschen aus dem Auge zu verlieren, der sie geschaffen hat, der sie erlebt hat und der sie vielleicht noch immer mit Leben erfüllt.

Berühmte alte Verkehrswege

Einen »Korridor in die Vergangenheit« hat man die Via Appia genannt, weil sie es dem Rom-Touristen bis zum heutigen Tag erlaubt, seinen Fuß auf über zweitausendjährigen Straßenbelag zu setzen. Die 312 vor Christus unter dem Zensor Appius Claudius als Aufmarschweg gegen feindliche Völkerschaften gebaute Fernstraße – eine von insgesamt fünfzehn, die die Hauptstadt mit den Provinzen des Imperium Romanum verbanden – hat unter der klugen denkmalpflegerischen Hand der Italiener erstaunlich gut den Kräften des natürlichen Verfalls und der gezielten Zerstörung standgehalten, und das gilt nicht nur für ihre Trasse, sondern auch für die am Weg liegenden Reste antiker Denkmäler, für die sie begleitende Baumflora, für ihre eigentümliche Atmosphäre. Nur die wenigsten Besucher wissen freilich, daß die »Königin der Straßen« nicht nur einen Anfang, sondern auch ein ebenso guterhaltenes Ende hat: die hochaufragende Meilensäule an der majestätischen Hafentreppe von Brindisi.

Was die Via Appia für die *südliche* Adria, war die Via Flaminia für die *nördliche:* Sie verband Rom mit Ariminum, dem heutigen Rimini. Ihre jetzige Version folgt, wie dies bei so vielen Römerstraßen der Fall ist, der ursprünglichen Anlage, und wer sich davon konkret überzeugen möchte, braucht nur an jener Stelle anzuhalten, an der die Archäologen einen Teil der antiken Pflasterung freigelegt und zu Vergleichszwecken dicht neben der Asphaltdecke der modernen *Autostrada* belassen haben.

Auf eine römische Heerstraße geht auch zurück, was die Griechen bis heute Ignatiusstraße – Odos Egnatia – nennen: die große Ostwestverbindung zwischen dem alten Byzanz und dem Mittelmeerraum. Der reichgeschmückte

5 a und b »Königin der Straßen«: die Via Appia vor Rom. Ihren Abschluß markiert die Meilensäule an der Hafentreppe von Brindisi

Galeriusbogen im Stadtzentrum von Saloniki markiert ihren Verlauf durch Mazedonien, und in nächster Nähe des Schlachtfeldes von Philippi trifft man auf wohlkonservierte Reste des ursprünglichen Straßenbelags.
Wo einst Eisen und Blei, Holz und Salz südwärts transportiert wurden und römische Legionäre nordwärts zogen, treten nun unternehmungslustige Kurgäste zum Fitnessmarsch an: Der »Römerweg« bei Warmbad Villach in Kärnten ist Rest jener alten Verbindung zwischen dem Noricum und den Mittelmeerhäfen, deren Ursprung bis auf die Hallstattzeit zurückgeht. Bemerkenswert die gut sichtbaren Spurrinnen für den Wagenverkehr: Radgleis und Regenwasserabfluß in einem. Vorsicht – nichts für Stöckelschuhträgerinnen!
Späteren Datums sind einige der bekannten Alpenübergänge. Der Große St. Bernhard, ursprünglich nur für Reittiere passierbar, ist für seine frühe Form von »Pannenhilfe« berühmt: Die Mönche des im 10. Jahrhundert auf der Paßhöhe gegründeten Augustinerchorherren-Hospizes richteten Hunde dafür ab, lawinenverschüttete oder verirrte Wanderer aufzufinden und zu retten. Napoleon zog vor der Schlacht bei Marengo mit 30 000 Mann über den großen St. Bernhard. Heute wird der Paß, der das Rhonetal mit dem Aostatal verbindet, durch einen fast sechs Kilometer langen Straßentunnel unterfahren.
Wegen seiner vielen Schluchten noch schwerer zu bezwingen war der St. Gotthard: Hier weiß man erst seit dem 13. Jahrhundert von einem eifrig benützten Verbindungsweg. Er hat übrigens nicht nur Soldaten und Handelsleute an ihr Ziel geführt, sondern auch einen jungen Doktoran-

6 Römische Gleisstraße in Kärnten

7a und b Die Via Egnatia (einmal im Stadtzentrum von Saloniki beim Galerius-Tor, einmal beim Schlachtfeld von Philippi)

den: 1951 nahm die Universität Freiburg seine Dissertation über den alten St. Gotthard-Weg an. Kuriosum am Rande: Noch zu Beginn unseres Jahrhunderts verkehrte auf dieser Strecke eine vierspännige Pferdepost!

Rubrizierungsprobleme gibt es mit der Via Mala. Schon den Römern war die Klamm an der gefürchteten Schlucht des Hinterrheins bei Andeer (im heutigen Schweizer Kanton Graubünden) ein Greuel – daher ihr Name. Ist sie also den antiken Verkehrswegen zuzuordnen? Goethe hat sie auf seinen Wanderungen durch die Schweiz gezeichnet – es wäre also auch etwas für das Kapital »Die Straße in der bildenden Kunst«. Und schließlich John Knittel: Sein Roman vom älplerischen Familiendrama am Ysolla-Paß hat den »bösen Weg« erst richtig berühmt gemacht – also auch eine »literarische Straße«? Heute ist die Via Mala als Teil der direkten Verbindung Bodenseegebiet – Lombardei mit Bogenbrücken, Tunnels und Galerien so perfekt (aber auch ernüchternd) ausgebaut, daß der Autofahrer von der 2,5 Kilometer langen, bis zu 600 Meter tiefen Felsschlucht kaum noch etwas sieht.

8 Die Via Mala, auf einer seiner Schweiz-Reisen von Goethe skizziert

Im Frühjahr 1495 bricht der 24jährige Albrecht Dürer, die ihm soeben angetraute Gattin im pestverseuchten Nürnberg zurücklassend, in Begleitung eines Malerkollegen zu seiner ersten Italienreise auf – zu Fuß (erst auf seiner zweiten, elf Jahre später, ist er arriviert genug, sich ein Reitpferd leisten zu können). Alle wichtigen Stationen der Wanderung werden im Bild festgehalten: Die Aquarelle vom »Welschen Gebirge«, von Arco und Trient genießen Weltruhm. Weniger bekannt ist das Blatt »Brennerstraße

9 Pferdepost auf der alten St. Gotthard-Paßstraße

10 Das berühmte Hospiz auf dem Paß des St. Bernhard im Jahre 1848

11 Albrecht Dürers Aquarell von der Brennerstraße im Eisacktal (1495)

12 Der Hellweg (hier: beim Eintritt in die Stadt Soest durch das Osthofentor)

13 k.k. österreichische Eilpost auf der Triester Reichsstraße vor Wien (Anfang 19. Jahrhundert)

im Eisacktal«: Erst 1928 wird es – als eines der Stücke aus der Sammlung des Spanierkönigs Philipp II. – in den Gemächern des Escorial wiederentdeckt. Für uns ein besonders bedeutender Fund: eine der ersten (und schönsten) Straßendarstellungen der abendländischen Malerei. Eine historische Straße, deren überlieferte Bezeichnung heute nur noch als Landschaftsname (und zwar für die westfälische Landschaft zwischen Lippe und Haarstrang) fortlebt, ist der *Hellweg*. Karl der Große hat die frühgeschichtliche Verbindung zwischen Rhein und Weser in den Sachsenkriegen zur Heerstraße ausgebaut und mit Königshöfen, den sogenannten *curtes*, besetzt. Ein vorzüglicher Boden, in der Vergangenheit des Hellwegs zu schürfen, ist die Stadt Soest. Durch das guterhaltene Osthofentor (in dem seit kurzem ein Museum historischer Armbrustbolzen untergebracht ist) trat im Mittelalter der Hellweg in die Stadt ein, und die zu seinem Schutz errichtete Pfalz bildete überhaupt deren spätere Keimzelle.
Wir kommen zu den Poststraßen. Anfang des 16. Jahrhunderts verpflichtete sich Franz von Taxis aus dem lombardischen Adelsgeschlecht der Thurn und Taxis gegenüber Kaiser Maximilian I. und König Philipp dem Schönen, für eine funktionierende regelmäßige Postverbindung zwischen Innsbruck, den habsburgischen Niederlanden und

dem französischen Hof zu sorgen. Nach und nach traten Nebenkurse hinzu, und was zunächst nur der Beförderung von Schriftstücken der Höfe gedient hatte, weitete sich mit der Zeit zum allgemeinen Postwesen aus. Die Landschaftsmalerei des ausgehenden 18. Jahrhunderts hatte ein neues Requisit: die Postkutsche.

Berühmte Handels- und Handwerkerstraßen

14 »Station« an der Bernsteinstraße: das Heidentor bei Carnuntum

Noch keine »Kunststraßen«, sondern bloß verbesserte Naturwege – so haben wir uns, laut Auskunft der Archäologen, die Bernsteinstraßen aus vorgeschichtlicher Zeit vorzustellen, und die Experten sind dabei, sie in mühevoller Kleinarbeit zu rekonstruieren. Es sind Bücher über sie geschrieben worden, obwohl man ihren Verlauf nur ahnen kann. Saumpfad im Gebirge, Routenmarkierung in Wald

15 Die Frankfurter Zeil (nach einem Ölbild von J. F. Morgenstern, 1793). Ganz links der von Goethes Großeltern bewirtschaftete »Weidenhof«

und Steppe, gesicherter Übergang an Gewässer und Sumpf – so etwa mag es sich mit ihnen verhalten haben, den alten Handelswegen in Europas Nord-Süd-Verkehr. Das Samland an der Ostsee und Jütland waren die wichtigsten Fundorte des begehrten Harzes, die Römersiedlung Carnuntum vor Wien eine von vielen Stationen auf dem Weg gen Süden – der römische Geschichtsschreiber Plinius erwähnt es beiläufig.

Leichter tut sich die Forschung mit den Salzstraßen, die ein weitverzweigtes Netz gebildet haben. Eine der berühmtesten verlief zwischen Lüneburg und Lübeck: ein Naturweg ursprünglich, nur an den Haltestellen und den morastigen Abschnitten mit Pflasterung versehen. Das mit Schellengeläut ausgestattete Riemenzeug der schweren Zugpferde, die zur Hansezeit in großen Kaufmannswagen das in Lüneburg gewonnene Salz über Mölln nach Lübeck transportierten, von wo es seinen Weg teils nach Flandern, teils ostwärts bis nach Nowgorod nahm, kann man in den Heimatmuseen der Gegend bestaunen. Daß das Frachtgut auf den Salz- und den Bernsteinstraßen (und, weiter östlich, auf der Weihrauch- und der Seidenstraße) nicht auf Salz und Bernstein und schon gar nicht auf Weihrauch und Seide beschränkt blieb, versteht sich von selbst: Straßennamen, in denen sich Ursprung und Dominanz ausdrücken – nicht mehr.

Über die *Hohe Straße* zwischen Frankfurt und Leipzig (via Erfurt und Halle sowie weiter nach Bautzen, Görlitz und Breslau), später gelegentlich auch »Messestraße« genannt, haben wir schon an anderer Stelle gesprochen – sie wird

zum erstenmal im 13. Jahrhundert erwähnt. An ihrem westlichen Endpunkt Frankfurt sollten wir der *Zeil* gedenken, die in alter Zeit vor allem für ihre stattlichen Gasthöfe berühmt war; einer davon war der von Goethes Großeltern bewirtschaftete »Weidenhof«. Im 18. Jahrhundert wurde, was zunächst als einzelne Häuserzeile (daher der Name) angelegt war, zur Prachtstraße ausgebaut. Östliches (und gleichfalls goethisch angehauchtes) Gegenstück: die Grimmaische Straße in Leipzig mit Auerbachs Keller, einst Deutschlands berühmtestem Weinausschank.
Ein gewisser Heinrich Stromer, nach seinem oberpfälzischen Geburtsort Auerbach geheißen, Rektor der Leipziger Universität zu Beginn des 16. Jahrhunderts, Arzt und Forscher, Stadtrat und Kaufherr, war durch Einheirat in eine wohlhabende Leipziger Ratsherrenfamilie zu einem der kostbarsten Grundstücke an der alten Ostwest-Han-

16 Auerbachs Hof bei Leipzig

delsstraße gelangt, hatte daselbst Auerbachs Hof errichtet und in dessen Keller, »von wälschen, niederländischen, Nürnberger und anderen vornehmen Handelsleuten stattlich besetzt«, einen öffentlichen Weinschank aufgemacht. Als man 1725 das 100-Jahr-Jubiläum des inzwischen berühmten Lokals feierte und über umsatzsteigernde Verschönerungen seines Inneren nachdachte, kam der Dresdner Maler Andreas Bretschneider auf die Idee, die Legende vom Faßritt des berühmten Magiers Johann Faust, der anno 1525 zur Messezeit in Leipzig sein Unwesen getrieben haben soll, kurzerhand in Auerbachs Keller anzusiedeln. Er stellte also auf zwei riesigen Holztafeln das spektakuläre Ereignis dar, und als, wiederum 40 Jahre später, der Leipziger Student Johann Wolfgang von Goethe hier seinen Wein trank und bei dieser Gelegenheit Bretschneiders Wandbilder sah, ließ er sich davon, als er später den »Faust« in Angriff nahm, für die berühmte Zecherszene inspirieren. So also kam es, daß die Hohe Straße in die klassische Literatur eingegangen ist...

17 Die Böttcherstraße in Bremen (hier: der Eingang)

Was aus einer einfachen alten Handwerkergasse werden kann, wenn sich kunstsinnige Hände ihrer annehmen, zeigt das Beispiel Böttcherstraße in Bremen. Zugleich ist sie ein Vorläufer unserer heutigen Fußgängerzonenkultur – und zwar einer von der noch noblen Art. Altstadterhaltung oder Durchdringung mit etwas gänzlich Neuem – das war die Frage, vor der der Bremer Kaffee-Kaufmann, Erfinder, Kunstkenner, Sammler, Mäzen und Baumeister Ludwig Roselius stand, als er zu Beginn der Zwanziger Jahre die Backsteinhäuser der schmalen, kaum hundert Meter langen Gasse zwischen Marktplatz und Weser aufkaufte. Roselius entschied sich für das letztere, und so entstand zwischen 1923 und 1933 unter der Ägide des Bildhauers Bernhard Hoetger ein eklektizistisches Gesamtkunstwerk zwischen Jugendstil und Bauhaus, das in der Welt ohnegleichen ist: Läden und Lokale, Galerien und Theater, in denen die Jahrhunderte einander freundlich begegnen. Nach 1945 – auch die Böttcherstraße war ein Opfer des Bombenkriegs geworden – nahm man einen zweiten Anlauf; heute ist die mit Kultur gepflasterte Häuserzeile von solcher Berühmtheit, daß das traditionelle Hinweisschild »Zur Böttcherstraße« weithin ohne nähere Ortsangabe verstanden wird. In den Jahren 1928 und 1929 hat die Böttcherstraße übrigens sogar – und das dürfte einzigartig in der Welt sein – einer Zeitschrift ihren Namen gegeben: Die beiden Jahrgänge des von Ludwig Roselius

BÖTTCHERSTRA

18 Weberstraße in Schömberg: die »Sieben Brüder«

begründeten, deutlich international ausgerichteten Kulturmagazins »Die Böttcherstraße« sind heute teuer gehandelte bibliophile Raritäten.
Zu dem wenigen nach 1945 im ehemaligen deutschen Osten Geschehenen, das man uneingeschränkt gutheißen kann, zählen eine Reihe von Stadterhaltungs- und Wiederaufbauprojekten an Orten mit überragender historischer Bausubstanz. Danzig ist eines der eindrucksvollsten Beispiele, die im alten Stil restaurierte Speicherstraße am Ufer der Mottlau einer ihrer eindrucksvollsten Teile.
Der sicherste Denkmalschutz ist allemal die Armut. Daß die »Zwölf Apostel« von Schömberg (dem jetzigen Chelmsko Slaskie im polnisch-tschechoslowakischen Grenzland südlich von Waldenburg) bis heute nicht abgerissen worden sind und so eine komplette schlesische Heimweberstraße erhalten blieb, ist nur der chronischen Wohnungsnot in dieser traditionell wirtschaftsschwachen Problemregion zu verdanken. »Ein enger, von der sehr schadhaften Diele bis zur schwarz verräucherten Balkendecke nicht sechs Fuß hoher Raum« – so beschreibt Gerhart Hauptmann in der Regieanweisung für den zweiten Akt der »Weber« das »Stübchen des Häuslers Wilhelm

Ansorge«. Er könnte es der Leinenwebergasse von Schömberg entnommen haben, diesem Dutzend geduckter, schwarzbrauner Holzhütten mit dem freistehenden Gebälk, den winzigen Fensterluken und den steilen Schindeldächern, die der Volksmund »Die Zwölf Apostel« getauft hat. Es hat vorübergehend Pläne gegeben, das einzigartige Ensemble in eine Art folkloristisch angehauchtes Hotel umzuwandeln: Heimweberkolonie als Touristenbungalows. Der örtliche Wohnraumbedarf und der Einspruch der staatlichen Denkmalschützer haben den Frevel verhindert.

Auch die Straßen, die Gerhart Hauptmanns »Fuhrmann Henschel« mit seinem Fuhrwerk gefahren ist, existieren in Wirklichkeit! Es sind jene Chausseen im (heute unter polnischer Verwaltung stehenden) schlesischen Bergland rund um Glatz, auf denen der dortige Lohnkutscher Adolf Henschel (der Dichter hat ihn selber gut gekannt und wiederholt seine Dienste in Anspruch genommen) die Kurgäste nach Altheide, Reinerz und Kudowa gefahren hat.

Heerstraßen

Das Höchste, was ein europäischer Zirkuselefant in seinem Leben erreichen kann, ist eine Berufung zum »Unternehmen Hannibal«. Es geht darum, zu ergründen, welchen Weg der karthagische Feldherr bei seiner zwei Wochen währenden Alpenüberquerung im Jahre 218 vor Christus genommen hat. Die Gelehrten sind sich uneins. Und da sollen ausgerechnet Elefanten das Rätsel lösen? Der Gedanke ist dieser: Hannibal hatte sein 46 000-Mann-Heer (von dem 20 000 das Unternehmen nicht überlebten) um eine Schar Kriegselefanten verstärkt. Diese »Panzer der Antike« sollten seine römischen Widersacher abschrecken. Wenn man nun also das Experiment wiederholte und Elefanten über die in Frage kommenden Alpenpässe schickte, brauchte man nur zu beobachten, wo die Kolosse am problemlosesten den Übergang schafften – das sei dann mit großer Wahrscheinlichkeit der »echte«, der authentische Hannibalweg. Ein Spektakel, das mehr auf Illustriertenreportagen zugeschnitten zu sein scheint als auf ernstes wissenschaftliches Bemühen – man kann sich daher nur wundern, daß selbst das altehrwürdige Britische Museum diese Methode billigte und seine 1956 ausgerüstete Expedition von Elefanten begleiten ließ. 1979 erfolgte der nächste Versuch; ein tunesischer Zirkus stellte zwei seiner Dickhäuter zur Verfügung, 8 000 Dollar pro Tag und Tier ließ man sich das Schauspiel kosten. Neuester Stand der Forschung: Hannibal zog über den Col du Clapier, einen Nebenpaß des Mont Cenis (zwischen Grenoble und Turin).

Um Rekonstruktion ist man auch hinsichtlich des legendären Befestigungssystems der römischen Reichsgrenze bemüht, des *Limes*. Wo weder Gewässer noch Gebirge als

19 Test-Elefanten auf dem Mont Cenis: Verlief hier der Hannibalweg?

natürliche Grenzen dienen konnten, legten die Römer einen Wall an und auf diesem eine möglichst geradlinig verlaufende Grenzstraße, die in bestimmten Abständen durch Wachttürme gesichert war. Am bekanntesten ist der 548 Kilometer lange obergermanisch-rätische Limes, der südlich von Bonn begann, über den Taunus bis zum Main verlief und dann durch Württemberg und Bayern bis in die Nähe von Kelheim. Unter Kaiser Domitian um das Jahr 90 begonnen, sorgten Trajan und Hadrian (an den vor allem der die Nordgrenze Britanniens markierende Hadrianswall erinnert) für weitere Grenzbefestigungen. Reste der gigantischen Anlage sind streckenweise noch heute gut erkennbar, und bei Bad Hönningen am Rhein hat man sogar einen der charakteristischen Wachttürme rekonstruiert.

20 Die Trajans-Tafel am Eisernen Tor: versunkene Felsstraße

Wenn man in der Donauenge am Eisernen Tor (nahe der rumänisch-serbischen Grenze bei Alt-Orsova), einer der grandiosesten europäischen Stromlandschaften, flußaufwärts reist, erblickt man an der Uferböschung zur Linken eine mächtige Steintafel. Es ist die berühmte *Tabula Trajana* aus dem Jahr 102 unserer Zeitrechnung, die in feierlichen lateinischen Lettern über eine Gipfelleistung antiker Straßenbaukunst berichtet. Als die Römer unter ihrem expansiven Kaiser Trajan gegen die Dakier zu Felde zogen, legten sie auch an dieser exponierten Stelle eine Straße an. Die Trasse mußte aus den steilen Felswänden herausgehauen werden und verlief stellenweise als freitragende Konstruktion über dem Fluß. Als sich später der Wasserspiegel erhöhte, wurde die Straße überflutet, und so schlug man, um die Erinnerung an dieses Meisterwerk römischer Ingenieurskunst wach zu halten, die Tabula

21 Die »Route Napoléon« bei Lafferay (im Département Isère)

22 Die grusinische Heerstraße (im Kaukasus)

Trajana aus dem Fels heraus und brachte sie, nunmehr weithin sichtbar, in sicherer Höhe an.

»Heerstraße« ist ein durchaus zweideutiger Begriff: Einmal bezeichnet er den Schauplatz massiver Truppenverschiebungen, ein andermal drückt er aus, daß es Soldaten gewesen sind, die die betreffende Straße gebaut haben (und oft genug fällt beides zusammen). Während die »Armée italienne« tatsächlich über die später so genannte »Route Napoléon« zwischen Lanslebourg und Susa südwärts zog, hat die berühmte *Grusinische Heerstraße*, die über eine Strecke von 210 Kilometern durch eines der unwegsamsten Gebiete des Kaukasus (von Ordschonikidse über den Kreuzpaß nach Tiflis) führt, ihren Namen einzig der Tatsache zu verdanken, daß sie *Soldatenwerk* ist: Die russischen Fürsten Barjatinsky und Woronzow ließen sie Mitte des 19. Jahrhunderts erbauen, um jene Schluchten und Winkel Georgiens zu erschließen und unter Kontrolle zu bekommen, in denen sich noch immer etliche kriegerische Bergstämme gegen das Zarenregime wehrten. Heute ist die Grusinische Heerstraße eine beliebte Touristenroute in der Sowjetrepublik Georgien. Bleiben wir noch einen Augenblick im Osten. Kriegsaufnahmen gibt es viele. Erschütternde und erbitternde, gloriose und groteske. Ein Foto, das den heutigen Betrachter besonders nachdenklich stimmen mag, stammt von der Ostfront des Zweiten Weltkriegs und zeigt deutsche Landser im Dezember 1941 an der Straße von Mozajsk nach Moskau, 100 Kilometer vor der sowjetischen Hauptstadt (mit deren baldiger Einnahme sie rechneten). Das Schild, das sie am Rande der Rollbahn aufstellten, mutet wie eine vorweggenommene Siegestrophäe an. Oder war es mehr ein Fetisch – dazu bestimmt, ihnen für das Kommende Mut zu machen? Wie auch immer: 18 Kilometer vor Moskau kam Hitlers Rußlandfeldzug zum Stillstand. Nur ein einziger Mann der Einheit, die beim Kilometerstein 100 für das Fotoalbum posierte, hat den deutschen Angriff aus Moskau überlebt: jener Münchner Gustav Kuhfuß, der mit seiner Privatkamera dieses Bild geschossen und damit ein Dokument geschaffen hat, das (zusammen mit dem schon erwähnten Motiv der zur Bonzen-Fluchtpiste herabgewürdigten Breslauer Kaiserstraße) vielleicht mehr über den Unsinn des Krieges aussagt als so manches blutrünstige Schlachtengemälde.

23 Bis hierher und nicht weiter: die Deutsche Wehrmacht vor Moskau (Dezember 1941)

Prunkstraßen, historische Stadtstraßen

24 Der Newski-Prospekt im alten St. Petersburg (hier: mit winterlichem Schlittenverkehr. 1891)

Nikolai Gogol hat eine seiner »Petersburger Novellen« nach dem Newski-Prospekt benannt. Er schildert ihn als »den einzigen Ort, an dem sich die Menschen nicht aus Not zusammenfinden, wohin nicht Zwang und Geschäft sie treiben.« Die »Große Perspektive«, wie die von Palästen und Kirchen, von Theatern und Museen, von Geschäften und Restaurants gesäumte, viereinhalb Kilometer lange Prachtstraße zur Zeit Peters des Großen hieß, war ursprünglich angelegt worden, um das Wahrzeichen der Stadt, die Admiralität am Ufer der Newa (in der heute die Marinehochschule untergebracht ist), mit der großen Straße nach Moskau zu verbinden. Erst zu Beginn des 19. Jahrhunderts wurde sie zum Korso Petersburgs, zur Straße der eleganten Welt des untergehenden Zarenreichs. An ihrem äußeren Ende halten die großen Toten des Landes Wacht: Dostojewski und Tschaikowski ruhen auf den

25 Der Krakauer Königstrakt (hier: sein Herzstück, die Floriansgasse, 1936)

Friedhöfen des Alexander-Newski-Klosters. Zwar ist der Newski-Prospekt auch im heutigen Leningrad die Hauptlebensader der Stadt geblieben, aber wer von den Menschenmassen, die hier tagaus tagein in die Kaufhäuser drängen, mag noch eine Ahnung davon haben, daß man im legendären *Gostinny Dwor* schon im 18. Jahrhundert den Winter über seine Einkäufe in beheizten Ladenstraßen tätigen konnte, und wer von den Autofahrern mag von dem berühmten Holzpflaster wissen, über das anno dazumal die große Welt in schellenverzierten Troikas dahinsauste?

Von Leningrad nach Krakau, das vier Jahrhunderte lang die Krönungsstadt der polnischen Könige war. Vom Barbakan über den Hauptmarkt zum Schloß auf dem Wawel-Hügel führte der *Droga Krolewska*: der Königstrakt. Eine Achse, die sich aus mehreren ineinander übergehenden Straßen zusammensetzt – mit der Florianska und der Grodzka als ihren wichtigsten Teilen. Ein Zentrum im Zentrum, das nach wie vor auf den Rest der Stadt ausstrahlt und ihr die Perspektive gibt – keineswegs gradlinig, sondern krümmungsreich und kapriziös. Auch hierin also ein getreues Abbild der wechselvollen Geschichte der Stadt.

26 Unter den Linden, Berlin (hier: Ausfahrt Kaiser Wilhelms I., 1888)

Noch stärker gilt das für die Parade- und Promenadenstraße im wilhelminischen Berlin: *Unter den Linden*, die in ihren Ursprüngen auf das Ende des Dreißigjährigen Krieges zurückgeht. E. T. A. Hoffmann nannte sie einen »Sammelplatz des höheren, durch Stand oder Reichtum zu üppigerem Lebensgenuß berechtigten Publikums.«
Apropos Linden: Kaum eine andere Straße Deutschlands kann für sich in Anspruch nehmen, so viel Prominenz gesehen zu haben, wie die »weltberühmte Allee von vierfachen Lindenreihen« in Bad Pyrmont: Peter der Große und der Alte Fritz, Königin Luise und Benjamin Franklin, Lessing und Telemann, Goethe und Humboldt. Berühmte Kurgäste hat es natürlich auch anderswo gegeben; was die Pyrmonter Lindenallee zur »historischen Straße« macht, ist die große Zahl denkwürdiger *Begegnungen*, die hier stattgefunden oder ihren Anfang genommen haben: Kulturgeschichte im Schatten des Gesundbrunnens.
Zuerst der lebendigste Marktplatz der Stadt, dann festlicher Rahmen der großen höfischen Erbhuldigungszüge,

27 Die vierreihige Lindenallee von Bad Pyrmont (um 1850)

schließlich Rendezvousplatz des vornehmen Wien: der *Graben* zwischen Stephanskirche und Hofburgviertel. Bis heute ist der zugeschüttete ehemalige Stadtgraben (über den Karl Kraus spottete: »Hier ist das Herz von Wien, und im Herzen von Wien ist eine Pestsäule errichtet!«) seiner Tradition treu geblieben, Vorreiter neuer Entwicklungen zu sein: Hier wurde 1950 Wiens erste Neonbeleuchtung, 1971 Wiens erste Fußgängerzone erprobt.
Jüngeren Datums ist die *Ringstraße*, die, zusammen mit dem am Donaukanal entlangführenden Franz-Josephs-Kai, einen geschlossenen Kreis um die Wiener Altstadt legt. Sie entstand erst im 19. Jahrhundert und löste die damals 600 Jahre alte Stadtbefestigung ab, die vor feindlicher Belagerung (etwa durch die Türken) hatte schützen sollen. Staatsoper und Burgtheater, Parlament und Rathaus, Universität und Museen sowie repräsentative Parkanlagen geben ihr bis heute ein imperiales Gepräge.

28 Der Graben in Wien (nach einem Aquarell von Rudolf von Alt, 1872)

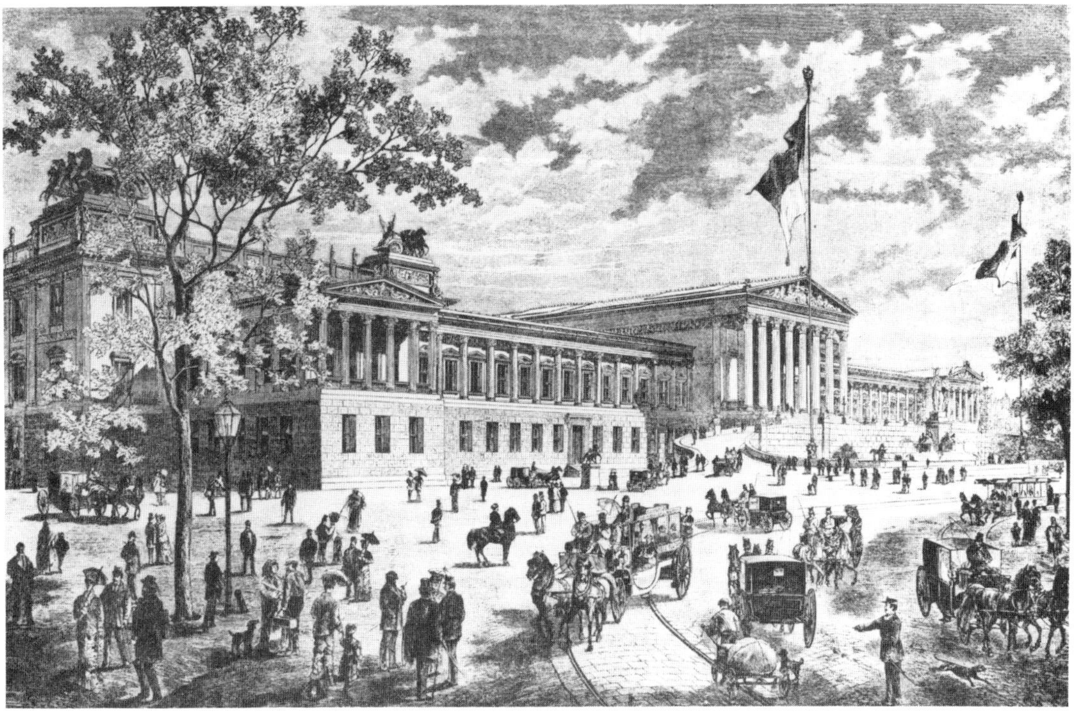

30 Die Champs-Elysées in Paris

29 Die Wiener Ringstraße (hier: der heutige Dr.-Karl-Renner-Ring beim Parlament)

31 Die Royal Mile in Edinburgh (hier: das Haus des Reformators John Knox aus dem Jahr 1490)

Was den Wienern die Ringstraße, sind den Parisern die *Champs-Elysées*: 1,8 Kilometer lang und bis zu 400 Meter breit, erstreckt sich die Prachtavenue von der Place de la Concorde bis zur Place de l'Étoile auf dem Gelände eines ehemaligen königlichen Lustwäldchens; im Palais de l'Élysée amtiert der Präsident der Republik.
Der Verbindungsweg zwischen Holyroodhouse, der schottischen Residenz der Könige von Großbritannien (von wo aus Mary Stuart sechs Jahre lang regiert hat), und dem Castle (wo unter anderem die schottischen Kronjuwelen gehütet werden) hat einen offiziellen und einen *nom de plume*. Auf den Stadtplänen von Edinburgh findet man bloß den ersteren: High Street. »Royal Mile« nennen ihn nur die Geschichtsbücher, und sie tun gut daran: Ein Straßenname von solchem Wohlklang sollte nicht in Vergessenheit geraten – auch wenn die »Royal Mile« in ihrem heutigen Zustand sehr an Ansehnlichkeit eingebüßt und dem Touristen auch nur noch *zwei* Sehenswürdigkeiten zu bieten hat: das entzückende *Museum of Childhood* und das Wohnhaus des Reformators John Knox aus dem Jahre 1490.

32 Die Londoner Mall (hier: Krönungszug König Georgs V. im Jahr 1911)

Ganz anders die *Mall*, die platanengesäumte Londoner Paradeallee, die in schnurgerader Linie vom Admiralty Arch zum Buckingham-Palace (seit Queen Victoria Residenz der englischen Könige) führt: Der die an Denkmälern reiche Prachtstraße zur Linken begleitende St. James Park (in dem König Charles II. jenes alte *paille-maille* zu spielen pflegte, an das die Straßennamen *Mall* und *Pall Mall* erinnern) ist zwar eine öffentliche Promenade, aber Verbotsschilder wie »no cycling, no radios« dokumentieren, daß man auch weiterhin entschlossen ist, im Umkreis des Hofes wenigstens auf einem Minimum von Würde zu bestehen.

Pilger- und Kultstraßen

33 Kreuzfahrer in den Engpässen des Taurus (nach einer Zeichnung von Gustave Doré)

»Wir sind durch Feuer und Wasser gegangen.« Bischof Gunther von Bamberg, der in den Jahren 1064/65, dem päpstlichen Aufruf folgend, siebentausend deutsche Pilger ins Heilige Land führte, zog diese ebenso dramatische wie stolze Bilanz des von ihm geleiteten Kreuzzugunternehmens, und auch Gustave Doré, der große französische

34 Die Ritterstraße von Rhodos

Graphiker, brachte in den Darstellungen der mittelalterlichen Pilgerzüge gleichermaßen sein Entsetzen und seine Bewunderung zum Ausdruck.

Im noch heute geschlossen mittelalterlich anmutenden Ritterviertel der Inselhauptstadt Rhodos, dem sogenannten *collachium*, hat sich eine kostbare Erinnerung an jene Zeit unvorstellbar kraftaufwendigen Reliquienkults erhalten: die Straße der Ritterherbergen, in denen, nach Landsmannschaften gruppiert, die aus dem Heiligen Land vertriebenen Johanniter über zwei Jahrhunderte lang ihren Stützpunkt gehabt haben. Die kieselgepflasterte *Odos Ippoton*, in der viele der Besten aus den Adelshäusern Frankreichs, Italiens, Deutschlands, Englands, Spaniens und Portugals residierten, ist ein Unikat sondergleichen: die einzige spätgotische Straße, die im östlichen Mittelmeerraum »überlebt« hat.

Eine Pilgerstraße, die nicht nur in die Geschichte eingegangen, sondern sprichwörtlich geworden ist, ist der *Bußweg nach Canossa*. König Heinrich IV., entschlossen,

35 Der Bußweg von Canossa (hier: von einem Postkartenmaler nach alten Ansichten »rekonstruiert«)

36 Die Via dolorosa in der Altstadt von Jerusalem

Papst Gregor VII. abzusetzen, und daraufhin nicht nur mit dem Bannfluch belegt, sondern auch von sämtlichen deutschen Fürsten – die zur Kirche hielten und ihrem ungestümen König sämtliche Alpenübergänge (in der heutigen Schweiz und in Tirol) sperrten – im Stich gelassen, mußte von seinem Plan abrücken und vor dem Papst in die Knie gehen. Im Wollhemd, barfuß und ohne jedes Zeichen seiner Würde, trat der 27jährige im Winter 1076/77, den mörderischen Umweg nicht scheuend, den Bußgang über den verschneiten Mont Cenis an und erbat sich auf der Burg von Canossa im toskanischen Appenin den päpstlichen Segen. Burg und Weg, heute nur noch in bescheidenen Resten erhalten, sind von Malerhand wiederholt »rekonstruiert« worden: Der Italientourist, der den berühmten, fernab aller Hauptstraßen gelegenen Ort sehen will, an dem die weltliche Macht von der geistlichen

37 Der Jakobsweg (hier: in der
Ortschaft Villafranca dei Biérzo,
Provinz Léon)

38 Die Heilige Straße von Delphi

bezwungen worden ist, kann sich also zumindest mit mehr oder weniger phantasievollen Ansichtskarten behelfen.
Als ein Amalgam aus christlicher Frömmigkeit, malerisch orientalischem Ambiente und raffiniertem Kommerz stellt sich dem heutigen Jerusalem-Besucher die *Via Dolorosa* dar: der Prototyp des Kreuzweges, den Jesus nach Golgatha zurückgelegt hat. Vom »Original« stellenweise geringfügig abweichend, beginnt er beim ehemaligen Palast des Prokurators Pontius Pilatus und führt unter dem »Ecce Homo«-Bogen hindurch bis zur Grabeskirche auf dem Kalvarienberg.
Fast so etwas wie ein »westliches Jerusalem« ist die nordwestspanische Pilgerstadt Santiago de Compostela. Der 700 Kilometer lange *Jakobsweg*, der vom Fuß der Pyrenäen zum Grab und Reliquienschrein des Apostels Jakobus führt und zusammen mit seinen »Zubringern« aus Frankreich und der Schweiz, gesäumt von Kapellen und Klöstern, von Hospizen und Hospitälern, eine Art früher europäischer Sternstraße bildet, ehe sich auf der steinernen Pilgerbrücke des Dorfes Puente de la Reina (westlich von Pamplona) die verschiedenen Stränge zu einem einzigen vereinigen, blickt auf eine über tausendjährige Geschichte zurück. Reiseführer sind normalerweise Ländern und Städten gewidmet – dies ist der einzige Fall, daß man einer *Straße* diese Ehre erwiesen hat: mit dem berühmten, altehrwürdigen »liber Sancti Jacobi«.
Wechseln wir den Kulturkreis. Auch beim Apollo-Heiligtum von Delphi, wo die alten Griechen den »Nabel der Welt« wähnten, wartet eine »Heilige Straße« auf uns: Sie folgt jener Spur, auf der, nach der Überlieferung, die Göt-

39 Die Gräberstraße von Pompeji

ter ins Land gekommen sind. Ihr Verlauf ist dank reichlich erhaltenen Pflasterwerks leicht erkennbar: vom Haupteingang des Heiligtums über eine steil ansteigende Serpentine bis zum Vorplatz des Apollo-Tempels. Zwischen vier und fünf Metern breit, ist die Heilige Straße Delphis von dicht aneinander gedrängten Weihedenkmälern sowie von den Schatzhäusern der bedeutendsten Städte des alten Hellas gesäumt.

Baulich beachtenswert – weil aus dem Fels gehauen – die Zufahrt zum antiken Theater von Syrakus, das die Korinther im fünften vorchristlichen Jahrhundert in ihrer damaligen Kolonie angelegt haben; interessant wegen des verarbeiteten *Materials* (polygonale Lavaplatten vom nahen Vesuv) die *Via dei Sepolcri* in Pompeji, die jenseits der Stadtmauern an den Grabstätten der reichen Bürger entlangführt.

Vom *familiären* Totenkult ist es nur einen Schritt zur Idolatrie der *Fans*, denen Friedhöfe und Grabstellen schon bald zu eng wurden und die sich ihre eigenen *Kultstraßen* schufen. Drei Beispiele aus ganz verschiedenen Bereichen seien herausgegriffen: der *König-Ludwig-Weg* in Oberbayern, der den Verehrern des »Märchenkönigs« heilig ist; der *Wittgensteinweg* in Trattenbach (im südlichen Niederösterreich), den die jeden Sommer aus den entferntesten Weltgegenden anreisenden Jünger des charismatischen Gelehrten gemeinsam entlang wandeln, jenen wunderlichen Schrifttafeln folgend, auf denen Zitate aus dem »Tractatus logico-philosophicus« von Künstlerhand verewigt sind; und schließlich die ebenso legendäre wie tat-

40 Beatles-Kult in der Penny Lane in Liverpool

sächlich existiernde *Penny Lane*, jene Vorstadtstraße im Beatles-Geburtsort Liverpool, die durch Paul McCartneys Song für unzählige Fans zur Wallfahrtsstätte geworden ist. Weder die »Magical History Tours« der Touristenbusse noch die spezialisierten Stadtrundgänge »In the footsteps of the Beatles« lassen die weltberühmte Adresse aus, und kein Straßenschild, von Souvenirjägern immer wieder abmontiert, muß häufiger erneuert werden als dieses: »Penny Lane is in my ears and in my eyes.«

»Politische« Straßen

41 Paris, Rue St. Honoré, 1793/94: der Todeskarren des Revolutionstribunals auf dem Weg zum Guillotinenplatz

Die Inhaber der eleganten Läden und Cafés klagten über Geschäftsstörung: Durch die Rue Saint Honoré rollten jeden Nachmittag die Karren mit den Todeskandidaten. Paris zur Schreckenszeit des Revolutionstribunals 1793/94. Von der Conciergerie, dem Untersuchungsgefängnis auf der Cité-Insel, wo den »Feinden der Revolution« jeweils um 10 Uhr – ohne ordentliches Verfahren und ohne jede Möglichkeit, sich zu verteidigen – die Anklageschrift ausgehändigt wurde, ging es um 16 Uhr durch die Rue Saint Honoré und die Rue Nationale (jetzt wieder Rue Royale) zur Place de la Révolution (jetzt Place de la Concorde), wo zwischen dem Reiterstandbild Ludwigs XV. und der Terrasse der Tuilerien das Blutgerüst errichtet war und um 18 Uhr unter dem Jubel der Massen die Guillotinierung stattfand. 1300 Köpfe sind hier gefallen: die Köpfe Ludwigs XVI., Marie Antoinettes, Charlotte Cordays, der

Dubarry, Dantons und Desmoulins'. Und zuletzt auch der des starken Mannes der Revolution: Maximilien de Robespierre.

»Politische Straßen« – das bedeutet nur allzuoft: Blutstraßen. Am Appelkai, dem Ufer der Miljacka im Zentrum von Sarajewo, wenige Schritte vom Rathaus des damaligen Verwaltungssitzes für Bosnien-Herzegowina, feuerte am Nachmittag des 28. Juni 1914 der serbische Nationalist Gavrilo Princip die tödlichen Schüsse auf Österreich-Ungarns Thronfolger Erzherzog Franz Ferdinand ab, die vier Wochen später den Ersten Weltkrieg auslösten. Bei der Lateinerbrücke (jetziger Name: Princip-Brücke), wo sich der Mörder mit seiner Browning postiert hatte, haben Gesinnungsgenossen seine Fußabdrücke im Asphalt konserviert (wie es Hollywood mit seinen Filmstars zu tun pflegt). Und in der *Canebière*, der lebenssprühenden, zum alten Hafen hinunterführenden Hauptgeschäftsstraße von Marseille (die ihren Namen von jener Zeit ableitet, da sich dort noch Hanffelder befanden), fiel am 9. Oktober 1934 während eines Staatsbesuchs König Alexander I. von Jugoslawien einem Attentat kroatischer Separatisten zum Opfer.

Blutig ging es auch in der *Sackville Street* (der heutigen O'Connell Street) von Dublin zu, als am Ostermontag 1916 bewaffnete irische Nationalisten eine Reihe von Gebäu-

42 Der Appelkai in Sarajewo: ein Attentat, das die Welt veränderte (1914)

43 Die Canebière in Marseille: Ermordung König Alexanders I. von Jugoslawien (1934)

44 Die Sackville Street (heute O'Connell Street) im Zentrum von Dublin: Generalprobe für die Freiheit

den im Stadtzentrum besetzten, darunter das General Post Office, das sie zu ihrem Hauptquartier machten, um von hier aus die verhaßte englische Fremdherrschaft abzuschütteln und eine Freie Republik Irland auszurufen. Von den britischen Truppen niedergeschlagen, ging der Dubliner »Osteraufstand« als »glorreiches Fiasko« in die Geschichte des Landes ein: Fünf Jahre später war der ersehnte irische Freistaat Wirklichkeit.
Die *Downing Street* im Londoner Regierungsviertel Whitehall, seit 1735 Sitz des britischen Premierministers, ist – zumal die berühmte Nummer 10 – eine Adresse, die jeder kennt. Touristen, die sie auf ihrem London-Bummel aufsuchen, zeigen sich in der Regel enttäuscht von dem, was sie zu sehen bekommen. Dabei ist gerade die Unscheinbarkeit dieser Straße und ihre »Namenlosigkeit« (Mister Downing ist ein heute vergessener englischer Diplomat aus dem 17. Jahrhundert) von höchster Aussagekraft: britisches »Understatement« par excellence. Auch die *Fleet Street*, eine politische Straße ganz anderer Art, macht auf den ersten Blick nicht viel von sich her. Um so gewichtiger sind die *Produkte*, die von hier aus Nacht für Nacht in Millionenzahl ins Commonwealth hinausgehen:

45 Schaltstelle der Macht: Downing Street Nr. 10

Die Fleet Street, seit 1501 Sitz der großen Londoner Verlage und Druckereien, gilt als die bedeutendste Zeitungsstraße der Welt.

Wenn Sie durch Helsinkis Hauptstraße, die *Mannerheimintie*, gehen und Ihr Blick auf das 1960 enthüllte Denkmal des reitenden Nationalhelden Feldmarschall Mannerheim fällt, sagen Sie nicht leichthin: Ach, wieder so ein typisches Reiterstandbild, das kenne ich schon aus so vielen anderen Städten. Dieses hier ist von besonderer Art – in zweifachem Sinne: Als Gustav Carl Graf von Mannerheim den finnischen Unabhängigkeitskrieg siegreich beendigt hatte, nahm er die Parade »seiner« Freiwilligen-Armee ab; er tat es hoch zu Roß und in eben dieser Straße (die seit dem »Winterkrieg« 1939/40, als dessen Held ihn seine Landsleute ebenfalls verehren, Mannerheims Namen trägt).

46 Im Zeitungsviertel des Commonwealth: die Fleet Street in London

Man hat sie die »Pyramiden des Dritten Reichs« genannt und ein »Wundermittel zur Bezwingung der Arbeitslosigkeit«. Später einigte man sich darauf, sie zumindest als eine der ganz wenigen positiven Hinterlassenschaften der NS-Zeit gelten zu lassen: die *Reichsautobahn*. Am 23. September 1933 tat Adolf Hitler südlich von Frankfurt am Main den ersten Spatenstich: 3870 Kilometer Autobahn wurden zu seinen Lebzeiten, noch einmal soviel nach dem Krieg gebaut.

Wir kennen sie inzwischen aus anderen Weltgegenden: die Schreckensbilder der Flüchtlinge und Heimatvertriebenen, die mit dem Allernötigsten an Habe (oder nicht einmal dem) den Elendszug ins Ungewisse antreten. Damals, im Endstadium des Zweiten Weltkriegs, waren es unsere eigenen Landsleute, die sich vor der vorrückenden Roten Armee zu retten versuchten: Millionen Ostpreußen, Westpreußen, Pommern, Schlesier und Sudetendeutsche. Pferdewagen und Handkarren, Rucksäcke und eilends zusam-

47 Die Mannerheimintie im Zentrum von Helsinki: der historische Ritt Feldmarschall Mannerheims nach dem Sieg von 1918 sowie das 1960 errichtete Mannerheim-Denkmal an der nach dem finnischen Volksheld benannten Straße

mengeschnürte Koffer: die Flüchtlingstrecks auf den winterkalten Landstraßen des deutschen Ostens.
Um Fluchtwege bzw. um deren gewaltsame Abriegelung – ging es auch im August 1961 beim Bau der Berliner »Mauer«, der die ehemalige deutsche Reichshauptstadt in zwei Hälften teilte. Die *Bernauer Straße* im Westbezirk Wedding, südseitig an die Mauer angrenzend, gilt seither als eines der traurigen Symbole des geteilten Deutschland: die Straße als Indikator machtpolitischer Willkür.

48 Flüchtlings-Treck im deutschen Osten (Winter 1944/45)

49 Die Bernauer Straße an der Berliner »Mauer« (hier: bei »Reparaturarbeiten« nach einem Sprengstoffanschlag, 1962)

Historische Rennstrecken

50 Marathonlauf auf der historischen Strecke (bei den ersten Olympischen Spielen der Neuzeit, 1896)

Keine Olympischen Sommerspiele ohne Marathonlauf – aber ob beim Endspurt des Siegers noch irgend jemand an den Jüngling denkt, der Anno 490 vor Christus als erster diesen – im wahrsten Sinne des Wortes mörderischen – Kraftakt vollbracht hat? Diomedon hieß der junge Athener Krieger, der, nach dem Triumph des Miltiades über die Perser in der Nähe des Dorfes Marathon an der Ostküste Attikas, in voller Rüstung und zu Fuß die 42 Kilometer nach Athen stürmte und dort mit dem Ruf »Nikesamen!« (»Wir haben gesiegt!«) tot zusammenbrach. Als die Väter der Olympischen Spiele der Neuzeit auch einen derartigen Weitstreckenlauf – und bei der »Premiere« im Jahr 1896 sogar auf der historischen Strecke! – ins Programm nahmen, taten sie dies also zunächst im Gedenken an jenen tapferen Soldaten. Inzwischen ist der Ortsname Marathon – in der Nähe des heutigen Dorfes erinnert noch immer ein antikes Hügelgrab an die Gefallenen von damals – zum Synonym für extreme körperliche Dauerleistung geworden (so wie der Name des Sowjethelden Alexej Stachanow zum Synonym für Arbeitswut und Übersoll). Übrigens deckt sich die moderne Autostraße von Marathon nach Athen nicht mit der historischen Todesstrecke. Diese führte westlich um die Pentelikon-Berge herum und war etwas kürzer.
Wurde der Marathonlauf erst Ende des 19. Jahrhunderts zum Wettkampf, so waren die Wagenrennen der Römer von Anfang an Kernstück der circensischen Spiele im Circus Maximus in Rom. Sollten Sie im Geschichtsunterricht nicht aufgepaßt haben, werden Sie sich vielleicht aus dem Film »Ben Hur« an die *Quadriga* erinnern, den zweirädrigen Rennwagen mit Viergespann. Von den Rennbahnen

51 Wagenrennen im alten Rom (hier: vorm Eingang zum Circus maximus)

des Circus Maximus, der an Fassungszahl alle heutigen Stadien übertraf, kann man sich von der Plattform des Belvedere aus ein gutes Bild machen.
Unter den Rennstrecken des 20. Jahrhunderts ist insbesondere die Berliner *Avus* hervorzuheben. Ihre 9,8 Kilometer gelten als die erste kreuzungsfreie, nur für Autos bestimmte Straße mit getrennten Fahrbahnen und somit als Vorstufe der späteren Reichsautobahn. 1921 eröffnet, stand die »Automobil-Verkehrs- und Übungsstraße« gegen Entrichtung einer Benützungsgebühr jedem Kraftfahrer

52 Die Avus im Berlin der zwanziger Jahre (hier: Zeitnehmer in Aktion)

offen, doch berühmt wurde sie erst durch die diversen Weltrekorde, die die Rennfahrerelite der zwanziger und dreißiger Jahre hier aufgestellt hat. Heute ist die Avus Teil des Streckennetzes der Berliner Stadtautobahn.
Als die Automobile »das Laufen lernten«, war die *Rallye Monte Carlo* für die *Stern*fahrer, was das *Avus*-Programm für die *Renn*fahrer war – die Nr. 1: In der Belle Époque des Autosports, an der Schwelle der zwanziger zu den dreißiger Jahren, gab es keine berühmtere Fernfahrt, keinen gewichtigeren PS-Test. Die »Nacht der langen Messer«, die Eishölle des kurvenreichen Col de Turini und schließlich das Finale im Hafen von Monte Carlo – das alles ist mehr als nur ein Stück Automobilgeschichte: es ist auch ein Beitrag zum Thema »historische Straßen«.

Straßen aus der Sagen-, Märchen- und Legendenwelt

53 Das Alchimistengäßchen im Prager Hradschin-Viertel

54 Die hohle Gasse bei Küssnacht (hier: die Tellskapelle)

Straßen sind mehr als bloß die Verbindungen zweier Punkte, mehr als bloß die banale Überwindung von Distanz. Sie können auch Geheimnisträger ersten Ranges sein, steingewordene Legende, Bezirk des Verwunschenen. Im *Alchimistengäßchen*, droben im Prager Burgviertel, kann der Tourist sich aussuchen, wovon er sich mehr verzaubern lassen will: von der *Stadtchronik*, die die winzigen bunten Häuschen, eingezwängt in die Bögen der alten Wehrmauer, den 24 Wächtern des Hradschin zuordnet, von der *Goldmachersage*, die hier die Geheimwissenschaftler Kaiser Rudolfs II. ihren dunklen Künsten nachgehen läßt, oder von der *Golem-Legende*, die davon berichtet, daß in Winkeln wie diesen alle 33 Jahre ein aus Lehm geschaffener Homunculus auftaucht und sein Unwesen treibt. Auch wer mehr der *neueren* Literatur zuneigt, kommt in der Zlatá ulička auf seine Rechnung: In einem der Ein-Zimmer-Häuschen mit den Riesenschorn-

55 Die Nibelungenstraße (hier: Entwurf für ein Nibelungendenkmal am Donauufer von Pöchlarn, Niederösterreich)

steinen, von seiner Schwester Otla vorübergehend gemietet, hat im Winter 1916/17 Franz Kafka den größten Teil seiner berühmten »Landarzt«-Erzählungen geschrieben. Die *hohle Gasse* an der alten Wegstrecke von Küssnacht nach Immensee im Schweizer Kanton Schwyz kennen wir aus Schillers Freiheitsdrama; hier hat – der Sage nach – der tyrannische Landvogt Gessler durch das Geschoß des wakkeren Jägers Wilhelm Tell den Tod gefunden: Bürgerinitiative Anno 1300. Und Storm-Kenner wird es nicht erstaunen, daß es im nordfriesischen Deichland der Hattstedter Marsch, wo die Sage vom unheimlichen Deichgrafen Hauke Haien spielt, eine *Schimmelreiterstraße* gibt. Lebhaft geht es in der *Rattenfängerstraße* der ehemaligen Hansestadt Hameln zu: der Rachezug des um seinen Lohn Geprellten, der mit dem verführerischen Spiel seiner Flöte Kidnapping großen Stils betrieb, wird von Laiendarstellern an Ort und Stelle laufend nachgespielt – so, wie der

56 Schimmelreiterstraße in der Hattstedter Marsch

»historische Heereszug« in Rothenburg ob der Tauber dem Passanten der »Romantischen Straße« einen Hauch von Mittelalter, oder der Siegfriedskult zwischen Worms und Pöchlarn dem Passanten der Nibelungenstraße einen Hauch von Germanentum vermitteln soll.

57 Die Rattenfängerstraße in Hameln

58 Die Romantische Straße in Rothenburg ob der Tauber (hier: Szene aus dem alljährlich veranstalteten »Historischen Heereszug«)

»Literarische« Straßen

59 Don Quijotes Windmühlenroute (hier: in der Ortschaft Campo de Criptana, Provinz Ciudad Real)

60 Mozart auf der Reise nach Prag (hier: das Schweinitzer Tor in Wittingau, um 1890)

Unter denen, die Bücher lieben, gibt es manch einen, den es auf seinen Reisen an den *Ort der Handlung* zieht: Nachschau zu halten am Originalschauplatz des geliebten Werks. Philologisch-topographisch »vermessend« der eine, spielerisch-sentimental der andere. Auch *Straßen* bieten hierfür ein reiches Betätigungsfeld – wieder greifen wir nur einige Beispiele heraus:

Da wäre Don Quijotes Windmühlenweg in der herben spanischen Landschaft der Mancha, in der Cervantes den Ritter von der traurigen Gestalt seine Abenteuer erleben läßt; der angesehene kastilische Schriftsteller Azorín hat in seinem 1905 erschienenen Buch »La Ruta de Don Quijote« alle Stationen der imaginären Vita nachgezeichnet, und die Prospekt-Photographen der *Secretaria de Estado de Turismo* bringen in edlem Wettstreit laufend neue, immer noch pittoreskere Veduten zustande.

Sie können auch, unter Eduard Mörikes poetischer Reiseleitung, *Mozart auf der Reise nach Prag* begleiten. Der

61 Die Sperlingsgasse in Berlin (hier: mit dem inzwischen abgerissenen Wilhelm-Raabe-Haus)

Historiker und Denkmalpfleger Hugo Rokyta hat die Route, die Mozart und seine Gattin – zuerst im »mit drei Postpferden bespannten Fuhrwerk«, später in der »vielbelobten« Kutsche ihrer gräflichen Gastgeber – in jenem Oktober 1787 gewählt haben dürften, minutiös rekonstruiert: Er tippt auf die wenig befahrbare Poststraße von Wien über Schrems, Gmünd, Gratzen, Wittingau und Tabor.

Enttäuschend hingegen fällt die Suche nach Wilhelm Raabes *Sperlingsgasse* aus. Das schmale Sträßchen im Zentrum Ostberlins, in dem der Dichter als 23jähriger Student bei Schneidermeister Wuttke zur Untermiete wohnte (Spreegasse 11), das er zum Schauplatz seines Frühwerks »Die Chronik der Sperlingsgasse« machte und das der Magistrat der Stadt Berlin zu Raabes 100. Geburtstag im Jahr 1931 in *Sperlingsgasse* umtaufte, wurde teils im Bombenhagel des Zweiten Weltkriegs, teils im Zuge der Stadtsanierung der Sechziger Jahre ausgelöscht. (Um die

62 Katharinenkanal (Gribojedow-Kai Nr. 104)

Ecke erhebt sich heute der Riesenbau des Zentralkomitees der SED).
Erinnern Sie sich an Dostojewskis Meisterwerk »Schuld und Sühne«, und kommen Sie auch noch immer, wenn Sie an die nervösen Irrwege des von seinem Gewissen gepeinigten Doppelmörders Raskolnikow denken, so sehr ins Schwitzen? Von seinem Wohnhaus bis zum Tatort waren es genau 730 Schritte – er hat es selbst gezählt. Später hat so mancher Verehrer des Dichters die berühmte Rechnung an Ort und Stelle überprüft – mit dem Buch in der Hand. Er könnte es noch immer – auch wenn die Namen der Straßen und Gassen, ja sogar der der Stadt, inzwischen geändert worden sind. Das ist ja das Faszinierende an der Historie: daß äußerliche Etikettierung und Umetikettierung ihr nichts anhaben können. Aus St. Petersburg ist Leningrad, aus dem Heumarkt, Zentrum des »Raskolni-

63 Die Passage Rimbaut in Paris

kow-Reviers« im ehemaligen Kasaner Viertel der Stadt, ist der Friedensplatz (Plschtschad Mira), aus dem Katharinenkanal ist der Gribojedow-Kanal geworden. Und Gribojedow-Kai Nr.104 lautet heute die Adresse des Mordhauses. 730 Schritte Weltliteratur von ihr entfernt, die »Gegenadresse«, das Wohnhaus des Studenten Rodion Raskolnikow: Pergewalski-Straße Nr. 7. Daß die Spurensicherung in diesem komplizierten Fall dennoch so leicht ist, haben wir übrigens dem Dichter selber zu verdanken: er hat seiner Frau auf einem gemeinsamen Spaziergang sämtliche einschlägigen Ubikationen gezeigt, und sie hat davon eine Art Protokoll angelegt, das die Kustodinnen des Leningrader Dostojewski-Instituts für den literaturinteressierten Touristen gern auf den heutigen Stand bringen.

Ein unscheinbares Pariser Nebengäßchen, dem – zumindest, was die »Initialzündung« betrifft – ein Stück Weltliteratur zu verdanken ist, ist die Passage Rimbaut, die von der Avenue d'Orléans (heute Avenue du Général Leclerc) abzweigt. Hier wurde in einer Januar-Nacht des Jahres 1938 Samuel Beckett auf dem Heimweg von einem Restaurantbesuch von einem Clochard überfallen und niedergestochen. Als der flüchtige Täter einige Tage später gefaßt wird und der schwerverletzte Dichter wieder gehfähig ist, eilt Beckett ins Untersuchungsgefängnis, um herauszufinden, was der Grund für die ihm unerklärliche Attacke gewesen sein mag. Doch auf jede seiner Fragen erhält er die stereotype Antwort: »Je ne sais pas.« Ich weiß es nicht. Der Dichter könnte sich dem Strafverfahren mit einer Zivilrechtsklage anschließen. Doch er zieht es vor, sich auf andere Weise schadlos zu halten: Das absurde »Je ne sais pas« seines Angreifers liefert ihm den Keim für sein Theaterstück »Warten auf Godot«. Der Landstreicher Estragon, der seinem Kumpel Wladimir beim gemeinsamen Warten auf Godot stereotyp antwortet: »Ich weiß es nicht.» Der Refrain der Sprachlosigkeit – hier, in der Passage Rimbaut zu Paris, hat die entscheidende »Schlüsselszene« stattgefunden, das Urerlebnis, die Stunde der Absurdität.
Den Freund der klassischen Kriminalliteratur elektrisiert ein anderer Straßenname, und natürlich kann es nur einer in London sein: die Baker Street des Meisterdetektivs Sherlock Holmes. Baker Street 221b zählt ja zu den Adressen, die in die Weltliteratur eingegangen sind: Hier läßt Sir

64 »Sherlock Holmes Arbeitszimmer« in der Baker Street 221b in London

65 Die Triumphgasse in Triest (hier: beim Eingang durch den »Arco di Riccardo«)

Arthur Conan Doyle, der Schöpfer der berühmten Romangestalt, sein Entlarvungsgenie residieren, hier läßt er ihn, vorm offenen Kamin sitzend und Pfeife rauchend, »seine« Fälle lösen. Wenn Sie sich heute bei Ihrem London-Bummel in der bewußten Gegend umsehen, müssen Sie mit britischer Geduld vorgehen: Die Straße existiert, die Nummer nicht. Dort, wo sich das schmale Wohnhaus der Mrs. Hudson befinden müßte, in dessen Obergeschoß Sherlock Holmes logiert hat, macht sich ein riesiger Verwaltungsbau breit, eine Büroburg, die Zentrale einer gemeinnützigen Wohnungsbaugenossenschaft. Geben Sie dennoch nicht auf! Wenden Sie sich vertrauensvoll an die Londoner *Sherlock Holmes Society*, die das Andenken an »ihr« großes Idol pflegt. Oder noch einfacher: Halten Sie unter dessen Namen im Londoner Telefonbuch Nachschau, und Sie werden in der schmalen Northumberland Street Nr. 10, wenige Schritte vom Trafalgar Square entfernt, auf eine Kneipe stoßen, der ein kleines Museum attachiért ist, und dort finden Sie alles, was Ihr Krimileserherz begehrt, akkurat vor: Sherlock Holmes' Arbeitszimmer samt Bücherbord und Laborecke, Lupe und Mikroskop, Gaslampe und Pfeifenständer – sogar den Frühstückstisch hat die gute alte Mrs. Hudson gedeckt. Mit anderen Worten: Die Baker Street 221b ist an anderer Stelle rekonstruiert worden! Eine literarische Straße, die, zunächst nur das Phantasieprodukt eines Schriftstellers, postum nachgebildet und also zu einem Stück Realität wird. Historische Straße aus der Retorte.

Der moderne Literaturpilger halte sich also an das südliche Gegenstück: die *Via del Trionfo* in der Altstadt von Triest. Das durch Ricarda Huchs Roman »Aus der Triumphgasse« zu Ruhm gelangte Sträßchen ist nach wie vor intakt. Man braucht nur den *Arco di Riccardo*, ein wunderschönes Überbleibsel der unter Kaiser Augustus errichteten Stadtmauer, zu passieren – schon taucht man in jene hafenstädtische Kleineleutewelt ein, die die Dichterin, eine Zeitlang mit einem italienischen Zahnarzt verheiratet und an dessen Seite von 1898 bis 1900 in Triest lebend, so eindringlich geschildert hat: eine »steile, höckerige Straße«, »nur vom niedrigen Volke bewohnt und von den Wohlhabenden gemieden«. Ricarda Huchs damalige Haushälterin war ein Kind der Triumphgasse – von ihr bezog die Schriftstellerin entscheidende Anstöße für Kulisse, Personal und Stoff des Romans.

Filmstraßen

Unter den neueren Medien ist es vor allem der *Film*, der die Straße als Szenerie, als Aktionselement und als Symbol entdeckt hat. Bücher zur Filmgeschichte füllen heute bereits ganze Bibliotheken – gewiß wäre auch eine *Geschichte der Filmstraßen* ein lohnendes Thema, das freilich im Zusammenhang der historischen Straßen Europas nur gestreift werden kann, da es überwiegend mit Amerika zu tun hat.
Einer der ersten, die systematisch den *Mythos Straße* ins Bild gebracht haben, war Charlie Chaplin: Die Schlußszenen aus »Der Tramp« (1915) und »Moderne Zeiten« (1936) zählen zum klassischen Bestand der Filmgeschichte. Europa zog mit G. W. Pabsts »Die freudlose Gasse« (1925) und vor allem mit Federico Fellinis »La Strada« (1954) nach. Die Orts- und Landstraßen in und um Viterbo, Bagnoregio und Ovindoli, auf denen Fellini, der Magier von Cinecittà, seine Kameras hatte aufstellen lassen, sind heute – abgesehen von der persönlichen Erinnerung des einen oder anderen Einheimischen, der vielleicht Zeuge der damaligen Dreharbeiten gewesen ist – wieder von der gleichen Namenlosigkeit wie zuvor. Zu »historischen Straßen« sind sie auf einer *anderen* Ebene als der konkretrealen geworden: auf der des belichteten Filmmaterials. Da heißt es ins Kino gehen oder in die Videothek.
Vollends doppelbödig wird es, wenn wir uns – auch *das* ist im Zeitalter des totalen Sightseeing bereits möglich – in den *Atelierstraßen* der großen Filmstudios umsehen: Historie, die zunächst »nachgestellt«, schließlich selbst zu Historie wird. Um ein Beispiel zu nennen: die *Bergman-Straße* auf dem Bavaria-Gelände von München-Geiselgasteig. 1976 mit gigantischem Aufwand nach den Entwür-

11

fen des mit dem »Oscar« prämiierten Ausstatters Rolf Zehetbauer für Ingmar Bergmans Film »Das Schlangenei« errichtet, hat man diese »typische Berliner Straße von 1923«, nicht nur aus Gründen der Amortisation, für immer wieder neue (und dann natürlich gänzlich andersartige) Filmprojekte adaptiert, sondern mittlerweile auch zur allgemeinen Besichtigung freigegeben. Die »Bavaria-Filmtour« (Dauer: anderthalb Stunden) ermöglicht es somit, zwei Fliegen mit einer Klappe zu schlagen: Sie konfrontiert den Teilnehmer nicht nur mit dem stilechten Remake einer – nicht mehr existierenden – historischen Straße, sondern sie verschafft dieser auch, durch Vorführung ihrer Funktion als Filmdekoration, eine eigene, gänzlich neue Qualität: Historie der Historie. Wahrlich, mehr kann man von einer Straße nicht verlangen.

66 Die »Bergman-Straße« im Bavaria-Filmgelände München-Geiselgasteig

Bildnachweis

Archiv Prof. Hugo Rokyta, Prag 60
Azienda autonoma di soggiorno e turismo, Triest 65
Archiv des Staatsbades Pyrmont 27
British Tourist Authority, London 45, 46, 64
Deutsches Institut für Filmkunde, Frankfurt am Main 3
Deutsche Zentrale für Fremdenverkehr 58
Christian Fichtinger, Wien 36
Französisches Verkehrsamt, Wien 21
Griechische Fremdenverkehrszentrale, Wien 6, 36
Dietmar Grieser, Wien 18
Historisches Museum, Frankfurt am Main 15
Historisches Museum der Stadt Wien 24, 25, 33, 55
Hans Hoffmann, Husum 56
Jugoslawisches Fremdenverkehrsamt, Wien 42
Prof. Erich Lessing, Wien 20
Werner Neumeister, München 30, 53
Niederösterreichische Fremdenverkehrswerbung, Wien 14
Österreichische Nationalbibliothek, Wien 24, 25, 33, 58
Österreichisches Olympia- und Sportmuseum, Maria Enzersdorf 50
Dr. Hanny Pfeiffer, Wetzlar 38
Post- und Telegraphendirektion, Linz 13
Dirk Reinartz, ZEITmagazin 40
Foto-Saebens, Worpswede 17
Toni Schneiders, Lindau 5a
Schweizerische Zentrale für Verkehrsförderung, Zürich 54
Spanisches Fremdenverkehrsamt, Wien 37, 59
Süddeutscher Verlag, München 5b, 9, 10, 22, 23, 32, 39, 41, 43, 48, 51
Suomen Valokuvataiteen Museo, Helsinki, und Reijo Porkka, Helsinki 47
Ullstein Bilderdienst, Berlin 52, 61
US-Press, Wien 19
Verkehrsverein Hameln 57
Foto-Votava, Wien 49